LETTRES

D'UN

PROVENÇAL A SON ÉPOUSE

TIRAGE :

40 exemplaires sur papier vergé,
5 » » » chine,
5 » » » japon.

LETTRES
D'UN PROVENÇAL

A SON ÉPOUSE

OU

CRITIQUE DES JOLIES FEMMES

DES PRINCIPAUX BORDELS

ET

MAISONS AUXILIAIRES

DE PARIS

PAR M. H....Y

On n'est point à blâmer pour faire la peinture
Des goûts et des désirs que donne la nature.

A PARIS

AU PALAIS-ROYAL

—

1805-1867

AVANT-PROPOS.

———

Ami lecteur, ne t'effarouche pas à
la lecture de cette correspondance ;
toutes les personnes qui ont voyagé en
Provence, ainsi qu'en Toscane et dans
le royaume de Naples, savent qu'il y
est plus en usage de foutre en cul qu'en
con. Ne sois donc pas surpris si tu
vois mon provençal avoir toujours une
propension pour le péché de Sodôme.
Mais j'oublie que ce joli péché est
maintenant de mode à Paris ; et si tu
es de bonne foi, tu conviendras, si tu
ne l'as pas encore fait, au moins que tu

en as eu l'envie, et que tu te proposes
de le commettre à la première occasion.

Corrigere, ridendo, mores !

LETTRES

D'UN

PROVENÇAL A SON ÉPOUSE

LETTRE PREMIÈRE

Paris, le.....

Ma chère épouse! Enfin me voilà arrivé à ce fameux Paris; déjà j'en ai parcouru tous les coins et recoins. Comme bien tu penses je n'ai pas oublié de m'informer des principaux bordels qui en font la célébrité; à ma grande joie on a compris, dans la nomenclature qu'on m'en a donnée, les meilleures maisons de la ville. Je ne te parlerai ni des monuments ni des sociétés qui passent pour être honnêtes; ces descriptions n'ont rien que de fastidieux. Lorsqu'on bande, on ne doit s'occuper que de luxure. D'ailleurs je ne remplirais pas le but de mon voyage et de ton attente, si je décrivais à ton imagination lascive des objets de vertu. Quoi de plus triste et de plus lamentable qu'elle ! Je suis las des courses que j'ai faites ; pour me remettre de mes fatigues, et afin de paraître sur le théâtre de la fouterie en bon provençal, je vais me coucher seul.

Adieu, ma chère femme ; si tu décharges beaucoup cette nuit, ne m'oublie pas dans ton délire. Attends, pour me répondre, une seconde lettre.

Tout à toi,

B...

LETTRE DEUXIÈME

Paris, le...

Je te tiens parole. Je t'écris : Dieu ! que tu vas
être aise ! il me semble voir ton con bâiller au
récit que je vais te faire. D'abord, pour ne point
me rendre difficile par la suite, j'ai voulu débuter
par la vermine. Si tu connaissais la rue de la
Tannerie, je n'aurais pas besoin de t'en donner
une idée. Figure-toi une rue large d'environ un
mètre, bordée de réduits de cinq à six étages de
haut, et où l'on ne peut passer en plein midi sans
recevoir sur le dos, une pluie d'eau de bidets ;
mais comme ces détails ne sont qu'accessoires,
je tranche net. J'entre au hasard dans la pre-

mière allée; je tâtonne pour trouver un escalier et tombe les quatre fers en l'air à travers deux énormes chiens qui venaient de consommer l'acte que je cherchais à faire. En me relevant, mon oreille fut frappée de quelques sons... j'écoute et j'entends des soupirs énergiques qui venaient de dessous une trappe de cave. Je veux avancer pour aller jusqu'à eux, et tout en étendant mes bras, je sens quelque chose qui s'entr'ouvre sous l'un d'eux. J'approche..., je vois à la faveur d'un reste de lampion, un homme de robe étendu par terre, dont la figure se trouvait cachée par le cul d'une vieille femme qui était à califourchon dessus. Je restai près d'une heure en contemplation; à la fin, ne les voyant bouge r ni l'un ni l'autre, j'étendis de nouveau mes bras, et trouvant une espèce d'escalier, j'y monte. Arrivé au premier, je regarde par un carreau de papier, auquel je fais un trou; j'aperçois, sur un mauvais grabat, deux vilaines toupies qui semblaient s'épiler réciproquement la motte, tandis qu'une troisième suçait, ä genoux, l'engin d'un vieillard, qu'à sa mise je présumai être dans la finance. La position gênante que j'étais obligé de prendre pour admirer ce groupe ne me permit pas d'y rester longtemps; je remontai à l'étage au-dessus. Là, il se faisait un vacarme effroyable. Je ne pus entendre que très confusément : toujours on s'y donnait de vigoureuses claques sur les fesses. Plus haut la porte était ouverte, c'était une chambre qui n'avait pas de fenêtre et où se trouvaient quatre mauvaises putains nues, avec autant d'hommes; je feignis de vouloir redescendre lorsqu'une d'elles vint à moi et me dit à mi-voix : « Ce sont des aveugles qui jouent de » la musique dans les rues et qui viennent nous » apporter leur recette pour que nous les amu- » sions. Restez là si vous voulez nous voir. » J'usai de la permission, et comme je trouvais rare que des aveugles eussent le caprice de faire mettre des femmes nues, de les faire danser parmi eux et de les enfiler alternativement et au hasard, je voulus en faire des provençaux. Je fis signe à l'une des putains de venir à moi et lui dis : — Je veux me faire enculer par ces quatre viédases et qu'ils croient que ce soit vous qu'ils enculent. — Combien donnes-tu ? me demanda la veson. — Six francs. — Donne. -- Tiens, les voilà. Aussitôt elle défait ma culotte, fait signe à ses camarades, prépare les membres des athlètes et, en moins de quelques minutes, m'emplit le cul du foutre des quatre mendiants, qui ébranlent la chambre de leurs beuglements amoureux. Je restai en extase du chatouillement qu'ils m'avaient procuré: j'aurais voulu qu'ils recommençassent, si un bousin sterling qui se faisait entendre dans le comble au-dessus n'eut piqué ma curiosité. Je demandai à la putain ce que c'était, elle me dit : Monte, et tu verras. Il n'en fallut pas davantage pour m'y déterminer; je grimpai un reste d'escalier construit avec de vieilles échelles : La putain m'y suit et me présente à une chambrée d'hommes et de femmes en état de nature. C'étaient des sourds-muets ; ils hennissaient aussi fortement qu'un cheval, les femmes criaient comme des bacchantes : elles formaient différents groupes. Je me mêlai de la coterie, en donnant six autres francs. Une d'elles marcha à quatre pattes, ayant des bas noirs et une chandelle allumée dans le cul : rien ne serait d'un beau laid comme un animal de cette forme-là. Ne bandant guère encore à cause des fatigues de mon voyage, je me contentai de décharger dans la bouche de la salope qui m'avait présenté, et je me retirai en regardant sur les toits, si je n'apercevais pas par hasard quelques chats qui foutissent aussi.

Tu vois, ma chère amie, que mon début est

engourageant, et qu'on ne perd pas plus de place que de temps dans ce pays. J'aurai, je le vois, fort à faire, si dans chaque bordel je trouve autant de besogne. Je suis, en attendant ta réponse à la présente,

Ton meilleur ami,

B....

P. S. J'oubliais de te donner le numéro de ce bordel. Si tu voulais donner l'adresse à quelqu'un, la voici : Nº 110, rue de la Tannerie. Le plus difficile à trouver est l'escalier; une fois qu'on le tient on n'a besoin de demander après personne, on entre où la porte est ouverte.

RÉPONSE PREMIÈRE

Marseille, le.....

Mon cher petit mari ! J'ai reçu tes deux premières, et tu vois l'empressement que je mets à
y répondre. Quel plaisir tu m'as procuré et me
procure encore, car je décharge en ce moment
tout en relisant ta seconde lettre. Hélas ! que n'y
a-t-il à Marseille une rue de la Tannerie ! comme
j'irais m'y faire foutre ! Je suis sûre que toutes
les jolies femmes de Paris courent en foule s'y
faire tanner, surtout celles qui ne se laissent pas
trousser à cause des bavards. Quoi de plus discret que des aveugles et des sourds-muets ? Oh !
c'est bien là la plus belle des rues ! rien que d'y

penser mon con en suinte de plaisir; Dieu! je
me mouille... Ah! je n'en puis plus... le foutre
me fait échapper la plume des doigts!... Sacré
dieu! je ne saurais y tenir plus longtemps... à
une autre fois.

Ton amie,

B....

LETTRE TROISIÈME

Paris, le....

J'ai bien reconnu au peu de mots que tu me réponds, ma tendre moitié, le feu du foutre des femmes du midi. Si la lecture de ma lettre t'a procuré des jouissances, la tienne m'a fourni une bonne fortune. La maîtresse de la maison où je loge est une blonde aux yeux noirs, grande, teint de lys et jolie bouche. 'C'est elle-même qui m'a remis ta lettre : je l'ai ouverte en sa présence, et tout en la lisant mes sens s'échauffèrent mon œil s'enflamma... et Bibi, qui faisait bâton, fut remarqué de la belle. Je m'en aperçus et la regardai... Elle rougit... Lors m'approchant, je la pris

2.

dans mes bras et lui fis lire ta lettre. Le croi-
rais-tu? Elle la dévora, la baisa... Et pour
réponse, m'empoigna l'outil qu'elle me suça
d'abord. Je n'eus pas le temps de m'en défendre;
je perdis bientôt connaissance, en lui lançant
mon sperme jusque dans l'estomac, car elle
l'avala. Revenu de ma léthargie, je la trouvai se
frottant le bouton en relisant encore ta lettre.
Elle vint à moi, me sauta au col, m'embrassa
voluptueusement en me disant que j'étais un
modèle de ce que devraient être les maris. Je lui
demandai si le sien me ressemblait — Vous
ressembler? dit-elle. C'est bien le plus sot animal qu'il y ait au monde; il est si jaloux, qu'il
ne me laisse seulement pas sortir de la maison, et contre son habitude, il m'a laissé seule
aujourd'hui. — L'avez-vous déjà fait cocu? —
Jamais. — Allons, profitons de l'occasion, dis-
je en la renversant sur un canapé. Je la trousse!...
Figure-toi, ma chère femme, des cuisses plus
blanches que celles de notre présidente, aussi
bien faites que les tiennes; un cul, Dieu sait!
Je voulais commencer par lui rendre hommage;
mais elle me dit que sa matrice était en feu, et
qu'il fallait avant tout la lui rafraîchir. Je l'en-
conne donc; ce n'était pas un con que je fou-

tais, c'était un vrai brasier. Si tu l'eusses vu se
démener, faire ses hauts le corps, ses tordions,
tu en serais tombée pâmée : que de foutre elle
perdit ! Enfin je la retourne et l'exploite; j'éprou-
vai quelque peine, car elle n'avait pas jusqu'alors
été socratisée. Je lui baisai ses tétons, qui
étaient superbes, et la quittai pour commencer
mes tournées nocturnes. Demain je t'en rendrai
compte.

Ton époux,

B....

RÉPONSE DEUXIÈME

Je ne suis pas aussi contente de ta dernière
que de la précédente. Ne perds pas ton temps à
former des créatures; on n'apprend rien à foutre
des bourgeoises. Tu en as la preuve par ton
hôtesse, qui n'avait pas encore été enculée. Je
suis certaine que la majeure partie des femmes
de Paris ne l'ont jamais été. Renonce donc aux
petites bourgeoises, et même à la crapule. Cours
les premiers bordels et fréquente les meilleures
maisons. Je te quitte si tôt pour aller à un rendez-vous que m'a donné le carme B..... Il m'a
foutu dernièrement en nous baignant dans la

mer ; je n'avais jamais été limée si étroitement,
la fraîcheur de l'eau avait doublé la grosseur de
son vit. Une femme qui n'aime qu'à être foutue
simplement ne se le ferait jamais mettre que
dans un bain froid si elle en essayait une fois.

Bonjour, mon doux bijou,

B.....

LETTRE QUATRIÈME

Paris, le....

Je me rends à tes conseils, je quitterai la
bourgeoisie et délaisserai la canaille. Pour rem-
plir avec avantage le but de mon voyage, je t'en-
verrai le nom et la demeure des filles de joie
que j'aurai passées en revue, et tu pourras,
d'après la critique que je t'en ferai, les recommander à ceux de nos amis qui viendraient faire
un séjour dans la capitale. Il faut pourtant, mais
ce sera pour la dernière fois, que je t'entretienne
un moment des pierreuses que j'ai visitées hier
soir, comme je te l'ai mandé. Au sortir de chez
moi, je rôdai sur les quais : celui qui mérite le

plus d'attention s'appelle quai des Quatre-
Nations ou autrement quai de Voltaire. A l'endroit où aboutit le pont des Arts, se trouve en
face un portail d'église ; c'est là, entre les colonnes,
qu'une douzaine de garces cimentent les pierres avec le foutre de Pierre et de Paul. C'est
peut-être cela qui jadis a fait donner le nom de
Quatre-Nations à cette église, qu'on a baptisée
aujourd'hui de celui du palais des Arts, proba-
blement à cause de la dextérité reconnue de ces
demoiselles et de leur bon marché, car quelques
monnaies de billon leur suffisent. J'allai ensuite
sur la place de la Révolution : cette place est, à ce
qu'il paraît, presque toujours encombrée de
grosses pierres de taille. C'est le quartier général des malheureuses, et comme elles vous exploi-
tent dans les pierres, sans doute est-ce là l'éty-
mologie de leur titre de pierreuses. Je fus bientôt
assailli par une compagnie. Je fis choix de la
première qui me tomba sous la main : Je passai
ma main sous sa cotte, et j'empoignai,... devine
quoi ?... Un gueux ! (c'est un pot de terre à anse
dans lequel les pauvres mettent du feu pour se
chauffer). Elle me mena à l'écart. Et comme la
crâpe vit de loin un miché qui s'avançait, elle
me dit en me donnant son gueux à tenir : « Tiens,

» ma bonne, entretiens-toi un instant, tandis que
» je vais commencer cet homme qui vient. »

Dès qu'elle fut éloignée, je jetai son pot dans
les pierres, et terminai ma soirée en parcourant
les boulevards, le pont Notre-Dame, l'entrée de
la rue de la Lanterne, le quai de la Vallée, etc.,
etc. Mais pouvant, sans aucun plaisir, attraper
la gale avec ces barbotteuses, je n'y retournerai
plus. Je t'invite à n'en pas parler à nos amis.
Ne réponds qu'à ma subséquente.

Je t'aime toujours bien tendrement,

B...

LETTRE CINQUIÈME

Paris, le.....

Me voici, ma bien-aimée, dans le beau séjour du Palais-Royal. Ici l'on n'est embarrassé que du choix ; environ cinq à six cents jeunes et jolies prêtresses de Vénus s'offrent à vos regards : leur mise est aussi élégante que voluptueuse, on dirait qu'elles ne font que de se lever. Toutes vous lancent des regards, vous coudoyent et vous parlent ; à les entendre, vous êtes toujours celui qu'elles ont distingué de la multitude. Les vieux et les sots y croient. Bref, je monte avec une grande gaillarde au n° 113. C'est un bordel assez mal tenu, mais passable pour la canaille. Nos

bordels de Marseille étant encore plus malpro-
pres que ne l'est celui où je suis, qui est tenu
par une nommée la Lévêque, je vais te décrire
les ustensiles et les attributs qui le décorent.
Dans chaque petite chambre est un trumeau
auquel sont attachés des disciplines et des mar-
tinets faits de cordes à petits nœuds et armés
d'épingles; sur la cheminée sont des redingottes
anglaises et des godmichés à l'usage du plaisir
sodomique; une cuvette, un pot à l'eau et une
serviette figurent sur la commode. La fille qui
m'avait racolé me dit de lui faire mon petit
cadeau; n'étant pas au courant, je lui demandai ce qu'elle entendait. Elle me répondit, en
deux mots, qu'il était d'usage de payer avant que
de ne rien faire. Je trouvai cela ridicule. Mais,
ne voulant pas aller contre l'usage, j'allongeai
mes six francs. Seulement, pour lier la conversation, je lui demandai son nom : elle me dit
s'appeler Louise. C'est une fille de quinze à seize
ans, faite au tour; peau un peu basanée, mais
douce et ferme. Elle m'a dit n'être point intéressée, et qu'elle faisait le commerce par pur
libertinage. Cet aveu seul me fit bander. Comment, double garce, lui dis-je, j'ai le bonheur, pour mon entrée dans un bordel, d'y ren-

contrer une Messaline?... et je la déshabillai. Elle usa de la même familiarité; en un clin d'œil nous voilà comme Adam et Eve lors de leur création. Je la pris aussitôt dans mes bras et la déposai sur le lit; j'écarte ses cuisses et mets d'abord le nez dans son vagin, pendant que de ma langue j'humecte l'orifice auquel sacrifie un bardache. La gueuse se prête à la position, elle soulève ses reins ; son con vomit le foutre dans mon nez, et son cul en pétant laisse une étroite entrée à ma langue. Je la fais changer de posture, elle se met à genoux. Je braque mon jean-chouart à son péteux et l'y engloutis d'un seul trait. La sagouine jette un cri... mais passant ma main devant elle, je roule mon doigt sur son clitoris et change en langoureux soupirs les cris qu'aurait pu lui occasionner la première douleur; au bout d'un moment nous déchargeons. Échauffés l'un et l'autre par ce prélude, nous volons à de nouveaux plaisirs et ne les eussions pas interrompus sans la maquerelle, qui vint nous avertir qu'il était l'heure de me retirer si je ne voulais pas passer la nuit. — Et qui t'a dit, toupie, que je ne voulais point passer la nuit?... et je l'empoignai (c'était la Lévêque), je lui tétai son énorme vagin. Cela lui plut, et comme c'est

la teneuse de la maison, elle me prévint en me
« disant : Foutu chien, tu resteras; je ne veux
» qu'aucune de mes femmes couche de michés cette
» nuit, mon maquereau et toi nous suffiront;
» tu me parais un bon bougre; mordille-moi un
» peu les lèvres du con (elle me pissa quelques
» gouttes dans la bouche); assez, me dit-elle,
» ménage mon foutre, je veux me retenir. » Et
elle me fit passer dans un grand salon où toutes
ses coureuses étaient déjà réunies. Pour procéder
exactement, et suivant les formes , dis-je, il faut
que je sache vos noms, afin que je puisse vous
appeler suivant le besoin de mes jouissances.
Quel est le tien, vieille garce ? — Je m'appelle
Lévêque, je tiens un bordel honnête et commode, comme tu vois. — Cette femme a pu être
passable à seize ans, mais vingt-six printemps de
plus sur la tête d'une femme prostituée et pros-
tituante, font de fiers ravages. L'avantage qu'ont
avec elle ceux qui aiment à se faire gamahucher,
c'est qu'ils ne risquent point d'être mordus. Tête
de Suisse et gravelée ; cuisses carrées et molasses.
Sa protection vaut mieux que sa personne.

— Et toi? demandai-je à une autre. — Joséphine
l'Écourtée. — Cette fille est affligée de quatorze
ans : elle a une figure régulière, peau lisse, un peu

noirâtre; de beaux yeux bruns, mais mal bâtie.
Dans deux ans, elle ne sera guère bonne qu'à
figurer à l'hôpital.

— Toi? dis-je à une espèce d'Agnès. — Mon
sieur... — Hé bien, salope, diras-tu ? — N'ayant
pas l'habitude... et des malheurs... — Et, que me
fout ton habitude et tes malheurs ! ton nom, double putain? — Bien, sacré couillon ! dit la malheureuse, je voulais voir si tu étais réellement
roué. On me nomme Cassepine à cause de la
manière vigoureuse avec laquelle je les branle.
Sitôt dit, elle me pressura ma gogotte, me chatouilla les roupettes ét faillit me les rompre par
la rudesse qu'elle y mit. Je fus obligé de la faire
cesser pour continuer mes descriptions. Cassepine est âgée de près de vingt ans; des membres
comme un grenadier, une gorge ronde et se soutenant parfaitement bien. Son œil est doux et
dément la force de ses abattis. C'est une bonne
jouissance pour quelqu'un dont la vigueur a
besoin d'étre émoustillée.

— A ton tour? dis-je à une autre. — Moi, j'ai
plusieurs noms. — Qu'importe, dis-les tous. —
Julie Arnould dite Sans-Souci, dite la langotteuse. Cette grenouille a bien trente années, ses
tétons servent de serviette à son nombril. Elle

ne convient qu'à ceux qui veulent foutre en tétons.

Vint après ma Louise. A côté était une petite brune de quinze à seize ans qui me dit s'appeler Élisa. Ses yeux sont bleus; sa bouche est petite et ornée de belles dents, sa peau tant soit peu huileuse; c'est un bijou de pacotille. Laurence s'annonce d'elle-même. Elle peut passer pour belle femme. Environ dix-huit ans. Blonde; d'une fraîcheur éblouissante; sans être grasse ses chairs sont fermes. C'est elle qui est la première coureuse du bordel, à cause de sa taille avantageuse et de sa figure enfantine. Elle trotte menu et se tient presque toujours en face la rotonde dans le jardin du palais. Les amis pourront en essayer.

Enfin, la dernière était Adelaïde. C'est une petite espiègle au nez retroussé; yeux enfoncés et petits, mais vifs. Elle a le poil roux, pas de gorge, en revanche elle possède une jambe parfaitement faite. On peut la visiter lorsqu'on est mélancolique.

Tels sont mes personnages. Je ne te parlerai pas du souteneur, il passe pour le fouteur de la Lévêque, sa mine et sa tournure sont celles d'un savoyard. Je disposai mon monde ainsi qu'il

suit : La Lévêque se mit à genoux appuyée sur
ses mains. La langotteuse se coucha sur le dos,
en sorte que sa tête se trouva sous celle de Lévêque, et lui fit langue fourrée. Laurence se glissa
dessous et lui chatouilla le clitoris avec un bâton
de pommade : Élisa et Adelaïde lui suçaient
chacune le giron. Cassepine lui administrait de
vigoureux coups de fouet sur les reins, et
Louise, également à quatre pattes, avait le nez au
cul et la langue dans le con de la Lévêque; j'en-
culai Louise dans cette position; le maquereau
me fit la même opération. Lévêque ne tint pas
aux titillations qu'elle éprouvait de tant de manières; elle ne cessa pas un instant de décharger, de
pissotter et de pétrailler. Elle fut près d'une
heure sans connaissance. Je fus maître de ma
semence; je ne la répandis pas cette fois. Le maquereau me décula. Louise le fut aussi. Je m'armai
d'une énorme poignée de verges et retirai la
Lévêque de son anéantissement, en lui appliquant une cinquantaine de coups sur son gros
vilain cul. Je baisai celui de toutes les femmes et
le gabahotai ensuite. J'adressai un hommage
particulier à celui de la belle Laurence. Le petit
nez retroussé voulut que je l'enconnasse, et je la
limai quelques minutes. Le maquereau tenta de

l'enculer, mais sa vigueur le trahit. A force de
paillassonner, je sentis ne pouvoir plus bientôt
retenir ma liqueur. Je composai un groupe tout
à mon avantage. Je me couchai sur le dos, le
cul sur la tête de Julie, qui me gabahota l'anus.
Je branlai le maquereau de ma main droite. Je
mis le doigt du milieu de la main gauche dans
le joli cul de Laurence. Joséphine et Élisa me
léchèrent la plante des pieds. La bouche de
Louise s'accola à la mienne. Adelaïde et Cassepine me tétèrent. L'édentée Lévêque sauta sur
mon polisson de vit, se l'enfonça jusqu'au fond
du gosier, me chatouilla les zouzettes en ap-
puyant par moment sur le canal de l'urêtre.
Bientôt le chatouillement est général, je me sens
absorbé, anéanti, et décharge pendant un quart
d'heure consécutif. Le plaisir que j'ai ressenti
ne peut pas se décrire ; essaye, ma chère amie,
de cette position et tu m'en diras deux mots. Je
te quitte pour courir à d'autres plaisirs. Réponds-
moi et reçois mille tendres baisers que je t'envoie.

Ton ami,
B...

P.-S. — Si la scène de la Lévêque pouvait
séduire quelques-uns de nos amis, tu leur diras
qu'il m'en a coûté six louis pour le tout.

RÉPONSE TROISIÈME

Marseille, le....

Si fait, mon bon mari, on peut décrire le plaisir, même le plus grand, et c'est sous son doux empire que j'écris la présente. J'ai raffiné sur ta dernière position, elle m'a monté la tête ! Pour te faire part de mon heureux résultat, j'ai fait réunir aujourd'hui chez moi le marquis B... et sa femme ; le carme B..,; le président C... et son épouse ; notre ami E... qui est si bien monté, et qui s'est épris, comme une bête, de ma femme de chambre. Nous sommes tous en cercle. C'est moi qui ordonne. Je fais signe à Lisette, elle approche, et comme tu sais qu'elle a un clitoris

long de près de quatre pouces, je le lui mets en
état de me foutre en bouche avec. Je me fais
enconner par le vit du carme; il parvint bientôt
à me mettre en feu. Étant sur le point où je dési-
rais être, je fais coucher sur le dos notre ami E...
Son membre se trouvait long de dix pouces sur
huit de circonférence; je lui fais baiser et gaba-
hoter un peu mon anus, et me couche à dos sur
lui après m'être insinué dans le cul son énorme
engin. Lisette se place à cheval sur ma bouche;
je suce et mordille son charmant clitoris. Le
président et la marquise me chatouillent de leur
langue le bout de chaque téton, je les branle
tous deux. La présidente m'enfonce dans le con
un godmiché; elle se met sur moi à califourchon, me langotte l'endroit sensible et se trouve
enculée par le carme. Le marquis me frotte la
plante des pieds avec sa pine. Allons doucement,
mes amis; ménagez-moi le plaisir; faites-le-moi
savourer à longs traits. Holà! je n'en puis plus...
Pas si vite... vous allez me tuer... Foutu bougre
d'E... tu me crèves les intestins... Sacrédieu,
présidente, déconne-moi... je me meurs... le
foutre... m'empêche... Il coule de toutes parts...
Dieu!... Ah!... Retirez-vous... Je suis anéantie...
sans connaissance... Et je fus près d'une heure

dans cet état. Le plaisir m'assiégeait de tous
côtés. S'ils n'eussent eu pitié de moi, je crois
qu'ils m'auraient fait mourir. Je suis si abattue,
si faible que je termine là ma narration pour
aller réparer mes forces. Je laisse nos amis se
foutre entre eux et t'embrasse autant que je
t'aime.

Ton épouse,

B...

LETTRE SIXIÈME

Je connais à merveille, mon adorable femme,
le plaisir que tu as dû éprouver. C'est véritablement là la seule manière que doit employer une
Messaline lorsqu'elle veut bien jouir. Mais
comme je vois que tu as trop brusqué le plaisir,
je vais te faire connaître quelques épisodes qui
doivent toujours être employés préalablement.
Le plaisir n'est que ce qu'on le fait; l'imagination au contraire est tout. Je me rendis hier dans
un mauvais bousin du Palais, tenu par une nommée Sainte-Foi, au n⁰ 148. — Cette Sainte-Foi
est une vieille écourtée, nez de champignon et

toujours sale. Elle a pour son gagne-pain :
Aimée, Betzy, Fanfan, Laurette, Éléonore et
Sophie Dubois, une des plus rouées putains de la
capitale.

Aimée est châtain foncé ; elle est très voluptueuse. Son œil est gris de chat, le sourcil bien
arqué. Sa tournure n'est point séduisante ; elle
figurerait mieux à la halle aux bleds.

Betzy, espèce de Hollandaise. Elle réunit le
double avantage de plaire aux deux sexes. Les
hommes en usent comme femme et les femmes
comme homme. Un clitoris de six pouces la
rend propre à l'un et l'autre service. Elle n'a rien
de joli.

Fanfan, bien nommée par rapport à son caractère. Tout au plus quatorze ans. Un petit con ;
pas encore déflorée du voisin, mais j'en ferai
mon affaire.

Laurette, brune, grêlée, belle gorge, peau
satinée, mais méchante, et ne foutant que par
intérêt.

Éléonore a une taille svelte, un sein velouté
et une jolie figure ; on ne peut lui reprocher que
de n'être pas bien faite. Elle rachète ce défaut
de nature par beaucoup de complaisance.

Enfin, Sophie Dubois, c'est la plus méchante

charogne que j'aie encore rencontrée. Elle est digne d'habiter la maison de Sainte-Foi. Son premier mot est : Donne-moi de l'argent. — Lui en donne-t-on ? elle en demande encore. Si on la croyait, on s'en irait non-seulement sans le sol, mais sans culotte. Si nos amis en rencontraient de cette pâte-là, prie-les, ma chère femme, de les bien rosser.

Je renvoyai toute cette saloperie et restai en tête-à-tête avec la jolie Éléonore qui, je te l'assure, a infiniment d'esprit. Elle sort d'un couvent, et s'est échappée de la maison paternelle, où elle était trop surveillée, pour satisfaire à la force de son tempérament. Je te rapporte quelques endroits de notre conversation, afin que tu en fasses ton profit !

— Comment, lui demandai-je, peux-tu foutre avec tant d'hommes différents et éprouver, dis-tu, toujours la même dose de plaisirs ? — Rien de plus naturel ! Quand je sens le moment de la crise qui approche, pour décharger aussi délicieusement qu'il est possible, je fais arrêter un moment mon fouteur ; lorsque je ne me sens plus maîtresse de moi, je le fais me limer de nouveau, et cette fois, ne pouvant plus me contenir, je répands mon foutre en me figurant d'être foutue par un Adonis ; toutes les pines étant pines, c'est donc ce que je me représente qui me procure des jouissances plus ou moins douces. — Mais à force de baiser tu dois être blasée ? — Oui et non. Si l'objet qui s'offre à moi me plaît, je suis en train rien que d'y penser. Si au contraire il me répugne, je ferme les yeux, et pour me faire naître des désirs, je lui dis de me trousser par degré et lentement..... Et comme Éléonore se troussa effectivement en me parlant, je ne pus résister plus longtemps. Je la foutis de toutes les manières. La gueuse me fournit dix décharges contre moi une. C'est la volupté personnifiée. Mon doux ange, me dit-elle en me quittant, je sais qu'il faut que je meure à force de foutre. Reviens me voir, contribue à mon trépas, et si tu as beaucoup d'amis qui te ressemblent, adresse-les moi.

Je te la recommande, ma petite bonne femme. Adieu, jusqu'à demain.

Ton véritable ami,

B...

RÉPONSE QUATRIÈME

Tu as bien raison, mon aimable époux, de dire
que l'imagination est la base du plaisir. J'usai du
moyen de ton Éléonore et j'en userai plus d'une
fois. Au reçu de ta lettre, que je lus à Lisette,
j'envoyai chercher un porte-faix. Je me mis à la
fenêtre donnant sur le jardin ; les rideaux tom-
baient sur moi, en sorte que l'on ne voyait pas ma
figure. Lisette instruisit le manant de ce qu'il avait
à faire. Il entra doucement, commença par me
tâter légèrement les fesses par-dessus mes jupons.
J'en frissonnai de plaisir ! Je me figurais que c'était
un homme charmant, timide et qui n'osait pas...

Je tressaillis en sentant sa main commencer par
me prendre le bas de la jambe, monter jusqu'au
mollet, se promener lentement sur ma cuisse et
sembler craindre de me prendre le cul. Lorsqu'il
me le prit, je me pâmai : mes cuisses s'entr'ou-
vrirent, un de ses doigts froissa les lèvres de
mon con ; j'en répandis un ruisseau de foutre.
Il soulève mes jupes petit à petit comme s'il eut
craint de m'éveiller, présente son braquemart
aux portes du plaisir, le frotte légèrement sur les
babines et finit par l'y engloutir, le retirer, puis
l'y replonger définitivement. Il fourragea l'œillet et la boutonnière, c'était un vrai Hercule !
Il me tint près d'une demi-journée. Je fus
curieuse de voir si sa figure répondait à ses
forces ! je me retournai comme il m'exploitait
encore, et je vis le plus vilain mâtin qu'on
puisse voir sur terre, mal-propre et mal fait.
L'idée que je m en étais formée m'ayant fait jouir
jusqu'alors, aussitôt que je l'eus aperçu, je déban-
dai à la minute et lui dis d'un ton de surprise :
Malheureux ! que veux-tu faire là ? — Madame...
— Et il ne put prononcer une seule parole. Son
vit, qui jusque là avait été constamment raide,
devint flasque subitement ; son imagination se
figura, sans doute, que j'allais le faire assommer

pour prix de son audace. Double preuve que notre imagination influe également sur nos désirs et nos craintes. Lisette paya et renvoya ce malotru. La jouissance ne serait pas si forte si l'on connaissait l'individu auparavant. J'attends ta lettre demain et me déclare

Ta meilleure amie,

B...

LETTRE SEPTIÈME

Paris, le...

Je suis aussi exact qu'on doit l'être, ma douce compagne, et jamais tu n'auras à me reprocher aucune négligence. Je rassemblai hier plusieurs pourvoyeuses. Je leur donnai à chacune un louis et leur dis que je voulais qu'elles m'amenassent aujourd'hui chez moi douze des plus belles coquines de la ville. Elles ne m'ont pas manqué ; la volaille est dans ma chambre et je vais t'en faire le signalement.

La Duval, n⁰ 121, Palais-Royal, aux ombres de Séraphin, brune, grande et bien tournée. Elle a une fossette au menton, de la douceur dans la physionomie et paraît bonne fille.

Désirée, rue du Bouloi, nº 42, tournure de fille
d'auberge, mais des chairs tellement dures, qu'à
peine peut-on les pincer. Jolie figure et la bouche bien ornée.

Justine, surnommée la Cauchoise, rue de la
Feuillade, nº 82, châtain clair, figure ronde, fraîche au possible, des tétons se soutenant d'eux-
mêmes, ne paraissant guère avisée.

Sainte-Claire, rue de la Loi, Hôtel du Cerele,
taille dégagée, peau satinée, physique agréable
quoique marqué de petite vérole.

Emmérine, au Palais, Galerie vitrée, nº 25, tête
à la romaine, blonde et de grands yeux noirs,
peau d'albâtre, un peu mollasse, mais il serait à
désirer que toutes les femmes lui ressemblassent.

La paysanne, ou la belle blonde, Galerie du
Lycée, nº 116; tous les fouailleurs connaissent
cette fille. Elle a été d'une extrême fraîcheur,
mais elle a tant rôti le balai que bientôt on ne
parlera d'elle que par réminiscence. C'est peut-
être la seule des putains, malgré qu'elle soit la
bêtise personnifiée, qui ait eu le bon esprit d'amas-
ser dans son printemps de quoi vivre à l'aise
lorsque l'hiver des ans lui donnera son congé de
réforme ; on la dit assez riche.

Rosette, rue Favart, nº 62; brune, très-mince,

faite à ravir ; ce sont de ces figures angéliques qu'on ne saurait décrire ; vrais morceaux de connaisseurs.

Victorine, rue Saint-Honoré, no 760 ; rouge écarlate, peau éblouissante et parsemée de taches de rousseur ; cette fille est d'une grande propreté, mais elle sent toujours un peu la couleur de son poil, ou, si tu l'aimes mieux, le con des Provençales.

Noli, rue de la Loi, no 1268, *Au Jocrisse ;* chez la Desatraits, blonde, assez jolie femme, rouée au possible ; elle était entretenue par un officier qu'elle cocufiait d'amitié.

Babet, rue de l'Égout, no 100 ; jolie brune, le plus beau corps qu'on puisse voir ; elle n'a contre elle que d'avoir un grand pied et une vilaine main, du reste bonne enfant.

Pinini, rue Froid-Manteau, no 216 : charmante Milanaise, voluptueuse au possible. Ses cheveux d'ébène lui touchent au trou du cul. Elle serait d'un bel effet si elle jouait les rôles d'éplorées dans les tragi-mélodrames.

Fanchette, rue du Reposoir, no 4 ; petite brune portant la casaque des harangères, ce qui lui va à merveille. Elle a un babil continuel et d'une grande gaîté. C'est une jolie mignature.

Et Claudine, au Palais, nº 164; belle femme, mais trop intéressée. Sitôt qu'elle a fait un miché chez elle, vite elle en porte le profit au tripot du premier étage de sa maison.

Toutes ces beautés sont en ce moment rangées autour de moi. Je promène mes regards sur leurs charmes sans trop savoir où les fixer... Pour ne point faire de jalousie, je vais les employer ensemble à mes jouissances. Allons, mesdemoiselles, attention au commandement : Alignez-vous bien, que le rond que vous formez soit parfait. Elles s'alignent par rang de taille.

— Restez immobiles. Et je les passe en revue. Je viens au centre du cercle ; je leur commande un demi-tour, elles obéissent; et pour ne voir que des culs, je leur ordonne de poser leurs mains à terre. Aussitôt j'aperçois vingt-quatre fesses se touchant les unes aux autres et ne semblant faire qu'un seul et même bloc. Je passe une seconde revue. Je sonde tous les anus afin de connaître le terrain : Aucune ne me semble mériter un choix particulier; ils sont tous aussi étroits qu'onctueux; pourtant celui de la belle paysanne me paraît avoir soutenu plus d'assauts que les autres, il est possible aussi qu'il soit le fondement de sa fortune.

— Apprêtez-vous, sacrées bougresses, leur dis-je avec une voix de Stentor, à recevoir chacune une injection de mon sperme ; et je tombai sur le cul de Noli : elle m'empoigne d'une main l'outil et l'engloutit d'abord dans sa brûlante matrice. — Dieux ; que fais-tu, malheureuse ? et comme je sens l'approche du plaisir, je le retire à propos et le précipite dans le trou qui a causé la ruine de Sodôme. Je ne suis plus maître de moi ; mon vit, pressé aussi fortement à la souche qu'il l'est au prépuce, pisse le foutre en telle abondance, qu'il me jette dans un délire frénétique. Je me retire sans debander, et continue à les enculer toutes, en déchargeant chaque fois. Mon courage ne m'abandonne pas encore, mais ma pine me fait faux-bond, et comme c'est l'âme des plaisirs de la couille, je vais faire en sorte de lui faire lever cette tête altière par une position qui me vient à l'idée.

Je fais redresser mes catins et leur fais refaire un autre demi-tour. Je leur enjoins de se pincer les lèvres du con, en lui relevant la moustache, et de pisser en même temps. Elles le font ; ce n'est plus qu'un déluge de tous côtés. La vue de ces douze jets d'eau n'opère pas le miracle que j'attendais ; mon engin est toujours mollasse.

Voulant enfin en venir à mon honneur et gloire,
je conçois un autre groupe : je fais apporter deux
échelles ; je les me*s près l'une de l'autre, et
place six putains sur chaque, ayant leur tête entre
les cuisses de celle qui la précède, et la treizième
au haut des deux échelles, ayant une jambe sur
chaque et les deux têtes entre elles ; je leur admi-
nistre à chacune un lavement et leur recommande
de ne le rendre que lorsque je leur dirais. J'ordonne la débâcle. Soudain, une bordée d'urine,
de merde délayée et de foutre, part au même instant et tombe en cascade de l'une à l'autre. Ce
tableau enchanteur n'ayant rien produit à mon
braquemard, je me retirai tout pantois et confus.
C'est là, ma chère femme, que j'ai véritablement
reconnu l'avantage de ton sexe sur le nôtre. En
effet, votre vagin est un lampion, nous y fournis-
sons l'huile et notre mèche ; quand notre huile est
toute employée, notre mèche, nécessairement, se
consume, et il ne vous en reste pas moins votre
lampion, auquel un autre peut recommuniquer la
chaleur en lui fournissant son huile et lui prê-
tant sa mèche et ainsi de suite indéfiniment.
N'est-ce pas vrai ? Je ne t'écrirai qu'après avoir
reçu de tes nouvelles.

Je suis pour la vie ton meilleur ami,

B...

RÉPONSE CINQUIÈME

Mon bon mari, car tu mérites vraiment ce nom !
j'ai été tellement satisfaite de ta dernière, que je
fais poser tous les jours après mon dîner plusieurs
jeunes gens qui me procurent l'agréable vue de
ta cascade. Plus je fous et plus j'en ai l'envie ;
c'est, je pense, par la cause que tu m'as définie.
Mais si nous avons, nous autres, ce que justement
tu compares à un lampion, en revanche ne pou-
vez-vous pas vous faire limer le péteux? Je te
dirai que je suis enceinte; je ne sais pas quel est
l'auteur de cette sottise. Ainsi, te voilà comme

5.

bien d'autres bientôt papa sans t'en douter. Adieu,
mon cher ange, ma vie est toute à ton amour.

Ta petite femme,

B...

LETTRE HUITIÈME

Paris, le.....

Le foyer du Théâtre Montansier, ma bonne femme, est proprement dit un bordel public pour l'un et pour l'autre sexe. On ne fréquente pas ce spectacle pour le mérite des ouvrages que l'on y représente, toutes les pièces que l'on y donne sont d'une bêtise que n'excuserait pas nos Tron-de-dieu bagasses. J'en excepte cependant la comédie du Timide, qui m'a procuré un plaisir inouï, indicible... Et tu ne sais pas comment?... Je me suis fais branler pendant toute la représentation! et au dénoûment j'ai déchargé dans la poche d'un vieux rentier qui applaudissait à tout rompre! Revenons au foyer. Il est bon que tu saches que c'est également la galerie des jolies filles de joie et de ces petits squelettes qui se croient la coqueluche de toutes les femmes. Là, on se parle, on se heurte, on se pince, on se dit de charmantes grossièretés, et cela par pure gentillesse. Comme j'ai enculé et foutu de toutes les manières les nymphes qui en font l'ornement, je t'envoie leurs noms et demeure.

Catherine la barbotteuse, taille de cinq pieds, sept à huit pouces, figure de sapeur, le sourcil extraordinairement fourni et d'un beau noir, l'œil brun et méchant, taille épaisse : elle fixe les regards à cause de l'éclat des pierreries qui la décorent; mais comme tout est faux chez elle, de même que son apparente beauté, une fois qu'on l'a vue on n'y retourne plus. Elle reste Pâté de la porte Saint-Antoine, nᵒ 110.

Chon-chon, chez la Sainte-Lucile, Palais-Royal, Galerie de la rue des Bons Enfants, petite drôlesse à l'œil fripon, à la mine chiffonnée. On doit rendre hommage à sa belle chute de reins.

La Rosière, belle tête, coupée suivant les règles de l'art, âgée de quatorze ans, ayant un port voluptueux et des manières engageantes. Son domicile est chez madame Concassé, rue Verte, nᵒ 120

Rose, bien nommée à cause de son teint vermeil, il lui manque déjà quelques dents incisives; mais qu'on se rassure, elle doit s'en faire remettre d'autres. Galerie du Lycée, nº 26.

Juliette, sœur de cette fameuse libertine : rue Trouse-Vache, nº 100. On peut la considérer comme uue beauté, si ce n'est qu'elle a un tuyau de commodités dans l'estomac.

Amable, rue Tire-boudin, nº 80. Elle a plus d'apparence que de réalité. L'art lui est d'un grand secours. Le ventilateur qu'elle a dans le bec lui fait tuer les mouches au vol.

Aline, superbe créature, bonne et douce, foutant comme la déesse de la volupté. Je te la recommande particulièrement, elle demeure rue des Déchargeurs, nº 3.

Germancé, petite sotte, jouant le bel esprit, écourtée sur pattes et de grandes oreilles, rue Bétizy, nº 1.

La Goulue, rue Vide-Gousset, nº 8. Tétons pendants nonobstant le corset élastique, bras longs et décharnés. C'est seulement pour faire nombre qu'elle vient au foyer.

Madelon, au Palais, nº 150. Fille enjouée, modeste sur ses appas qu'elle n'a pas. Il faut lui rendre justice, elle se connaît.

La Gimblot, au Palais, nº 17. Grande blonde, bien faite, tétons gros et fermes : son con est si étroit qu'il est impossible de la baiser ; je la crois barrée.

La Dormeuse, ainsi appelée à cause de son air nonchalant à faire des chalands : belle femme du reste. Elle loge en garni rue des Mousquetaires, à côté de la fontaine.

Lison, nº 62, au Petit Carreau. Fille alerte, faisant bien son commerce ; le jour elle fréquente les Tuileries et Coblentz.

Rosalie, au Palais, nº 62, tête superbe, belles dents, bouche vermeille, douze à treize ans et sans grande malice.

Dorothée, rouge, acariâtre, méchante par caractère et intéressée ; cuisses faites au tour et belles jambes, rue Transnonain, nº 4.

Louisette, au Palais, nº 18. C'est une petite pelotte de graisse.

Denise et sa sœur logent ensemble au Marais ; comme elles m'ont dit être tribades, je te les note en conséquence. Rue du Pont-aux-Choux, nº 10.

Enfin, je n'en finirais pas si je te parlais des autres femmes qui assiégent les escaliers de ce théâtre ; ce sont les défectueuses qui se tiennent dessus pour éviter la grande clarté du foyer.

Ne t'ayant jusqu'à présent entretenu que de putains, dans ma première je me réserve de te parler un peu des femmes du bon ton et de leur manière de penser. Écris-moi de suite, et crois qu'il n'était pas besoin de me faire un héritier pour cimenter l'amour qui existe entre nous.

Je t'embrasse mille fois,

B....   .

RÉPONSE SIXIÈME

Marseille, le.....

Que ton foyer de Montansier doit être un lieu
de délices ! Que je serais contente d'y être avec
toi, mon bon ami ! Chacun de notre côté nous
ferions des conquêtes qui finiraient par nous
devenir communes dans nos orgies. Mais puisque je n'ai pas ce bonheur, il faut que je m'en
dédommage en me faisant foutre à couillons
rabattus. J'ai fait une découverte précieuse, prin-
cipalement pour ton sexe, en ce qu'elle rappelle
subitement les forces d'un homme épuisé. Toutes
les fois que ta pine se refusera à l'érection, il
faudra la tremper dans de l'eau de Cologne pure,

tu en verras aussitôt les heureux effets. Je sors à
l'instant même de me laver avec cette eau admirable ; et malgré que j'aie été foutue pendant trente-
six heures consécutives, j'ai le con aussi étroit
qu'une pucelle, et aussi brûlant que s'il n'avait
été fourragé depuis longtemps. L'irritation que
cette eau m'occasionne est telle, qu'en posant
ma main sur ma motte, mon foutre part naturel-
lement. Fais-en usage et recommande-la aux
femmes voluptueuses. Je termine cette lettre
pour sacrifier à Vénus, afin d'apaiser le feu qui
me consume. Je donne ce soir bal, pour m'en
donner à tire-la-rigot, et pour satisfaire en même
temps les désirs que la danse fait naître ; j'aurai
toujours un godmiché dans mon vagin.

Bonjour, mon bon, mon aimable mari !

B...

LETTRE NEUVIÈME

Paris, le.....

Occupons-nous un moment, chère femme, de ce qui se passe pour la bonne société, c'est-à-dire des gens du grand ton. Paris étant en quelque sorte le centre de l'univers, est par conséquent le rendez-vous de tout le beau sexe, et c'est vrai. Rien au monde n'est comparable au coup-d'œil des charmantes promenades embellies par leur présence. Vous ne pouvez pas faire un pas... mais je m'égare ; j'oubliais que je t'ai promis de ne te faire aucune description : au fait. Je connais à présent toutes les meilleures maisons de la ville : je n'en finirais pas de sitôt si j'essayais de te dire mon mot sur chacune d'elles; je ne te parlerai donc que des principales et de celles qui m'ont paru les plus dignes de piquer ta curiosité.

Madame K.....r, femme d'un très riche banquier, est aussi célèbre par sa beauté que recommandable par son esprit; jeune, vive, mais réfléchie et nullement inconséquente : elle pourrait passer pour une femme parfaite, si toutefois son sexe était susceptible de la perfection. Cette bonne dame (je dis bonne parce qu'elle m'a honoré de ses faveurs) possède à fond la connaissance de l'esprit humain. Aussi, ne se fait-il rien dans sa maison, même des affaires de banque, qu'elle ne soit consultée : elle est à son mari ce qu'à Molière était sa servante. En un mot, c'est comme devraient être toutes les femmes; car, quoi de plus dégoûtant qu'elles, lorsque vous les avez foutues, si elles ne savent pas, après, vous attacher par leur esprit?

Cette aimable personne m'a plus charmé par sa conversation que par le vif plaisir dont son beau cul a enivré mes sens. Je la questionnai sur différents sujets, et toutes ses définitions étaient marquées au sceau de la plus profonde philosophie. Comment, lui demandai-je un jour, se fait-il, en baisant avec le tiers et le quart, que tu sois

aussi attachée à ton époux que tu parais l'être ?
— Je le parais et le suis réellement, reprit-elle ; si
je fous avec toi et avec beaucoup d'autres, je ne
vois là aucune chose qui ne soit dans la nature.
Le plaisir que nous procure la fouterie ne doit
pas être confondu avec celui que nous procure
l'amitié. J'ai de l'amour pour toi et de l'amitié
pour mon époux ; l'amour que j'ai pour toi est
commandé par le besoin de mes sens et dès qu'ils
sont apaisés je n'ai pour toi et pour tes sembla-
bles que la plus froide indifférence. L'amitié, au
contraire, est un sentiment qui toujours m'en-
traîne vers l'objet que j'aime ; cet objet s'identi-
fie en quelque sorte avec moi-même et je ne puis
vivre sans lui. Tu vois donc que l'amour diffère
bien de l'amitié : le premier passe avec le temps
et n'est, proprement dit, que l'affaire du moment,
du besoin ou de la circonstance, tandis que le
second se raffermit de plus en plus, et ne finit
véritablement qu'avec vous. — Eh bien ! lui dis-
je, voilà comme moi et mon épouse pensons ! et
je lui montrai de tes lettres. — Est-il possible ?
s'écria-t-elle, quoi ! il se rencontrerait un homme
qui pensât aussi bien que moi et comme devraient
penser les autres hommes ? Viens, mon ange !
nous étions faits l'un pour l'autre, je sens que je

t'aimerais, si tu ne possédais une femme qui me ressemble si bien ! et elle m'entraîna sur son canapé pour me prouver d'une manière encore plus évidente que l'amour n'est pas l'amitié. Pour que nos lettres ne se croisent point, je te prie de ne répondre qu'à celle que je t'écrirai demain.

Adieu, cher flambeau de ma vie,

B...

LETTRE DIXIÈME

Paris, le.....

Tu vas être bien surprise, ma bonne amie, en apprenant que généralement les femmes de Paris l'emportent en esprit et en connaissances, non-seulement sur celles de la France, mais encore sur celles des pays les plus éloignés. Madame B.....t, épouse d'un fameux médecin, m'en a fourni la preuve irrécusable. Dès le premier abord, je plus à cette charmante créature, et maintenant je suis à ses plaisirs d'une nécessité indispensable. La première fois que je lui rendis visite je la trouvai seule. La saluer, la trousser et la foutre fut l'affaire d'un instant. Ne pouvant pas trop cette fois nous livrer à l'amoureux plaisir, à cause des personnes qui étaient chez elle, nous fûmes obligés de discourir ; et comme nous étions échauffés par un commencement de luxure, tu dois bien penser que nous ne nous entretînmes que de libertinage. Voulant à la fin m'assurer si elle était aussi ferme sur les principes que madame K.....r, je lui dis avec une espèce de contrition, que j'étais fâché d'avoir corrompu son cœur, non par rapport à son mari, mais pour elle-même... — Corrompu ! s'écria-t-elle vivement. Est-ce que tu crois être le premier avec qui je fais cocu mon époux ? Et pourquoi ton sexe s'arrogerait-il le droit exclusif de nous faire cornette, sans nous donner le loisir d'user de représailles ? — C'est tyrannique, j'en conviens ; c'est peut-être... — Il n'y a point de peut-être, continua-t-elle ; la nature, en formant l'homme et la femme, n'a pas plus établi de différence entre eux qu'entre les animaux ; elle a dit : Croissez et multipliez. Si elle eut voulu donner à l'un des prérogatives sur l'autre, sans contredit, c'eût été à mon sexe pour le dédommager des inconvénients qui l'assiégent et des périls qui menacent ses jours. En effet, la femme marche toujours à côté d'un précipice prêt à l'engloutir ; sa complexion

délicate lui fait éprouver plus vivement les dou-
leurs de tous les âges; l'époque des plaisirs de
l'amour ne s'annonce chez elle que par des incom-
modités, bien souvent avant-coureurs de sa des-
truction totale, qui se renouvellent tous les mois
et qui semblent l'avertir du danger qu'elle courra
en devenant mère. L'amour, en nous donnant la
facilité de foutre tant que nous le voudrions, a
voulu sans doute par là jeter son bandeau sur les
dangers qui nous menacent en perpétuant notre
espèce. Le résultat de la fouterie, porté neuf mois
dans notre sein, ne s'accroît qu'aux dépens de
nos forces. Vous n'avez que le plaisir de lancer
votre bénigne liqueur au fond de notre matrice,
plaisir qu'à la vérité nous partageons avec vous,
mais qui se rachète trop chèrement lorsque le
fœtus sort du viscère où il a été formé, et nous
fait éprouver les cruels et dangereux travaux de
l'enfantement; tout alors ne semble-t-il pas
annoncer notre ruine totale? Le fluide qui animait
l'enfant se répand en torrent autour de nous,
nous sommes anéanties, accablées du poids de
notre propre faiblesse... Voulons-nous alimenter
notre fruit? que d'inconvénients n'avons-nous
pas? N'en sommes-nous pas capables, ou en
sommes-nous empêchées par un mari, nouvelles

précautions à prendre, nouveaux dangers à courir... Arrivons-nous par bonheur à cet âge de retour, où la circulation est régie par d'autres lois? ce changement menace encore notre vie...
— Soit, lui dis-je; mais aussi cette dernière époque une fois passée, vous avez après l'âme chevillée dans le corps. Je l'embrassai en lui disant que j'étais satisfait qu'elle pensât ainsi, et que ce que je lui avais dit n'était que pour la connaître à fond. Elle fut contente de mon aveu. Son mari ayant fait dire qu'il allait au spectacle, pour l'étourdir sur le tableau qu'elle venait de me faire, je la foutis de tant de manières qu'elle fut forcée de convenir que j'étais un maître ès-arts.

J'attends de tes nouvelles, et t'envoie mille tendres baisers,

B...

RÉPONSE SEPTIÈME

Ton Paris me fait tourner la tête ! Je ne rêve que lui et toi, mon bon ami ! mesdames K.....r et B.....t sont des femmes charmantes ; je brûle de les connaître et de les associer à nos plaisirs ; elles doivent être bien voluptueuses ! combien je déchargerais avec elles ! Rassure ta petite maîtresse B.....t sur les dangers qu'elle se forme de l'état de grossesse : une femme n'a jamais tant de plaisir et ne désire jamais tant foutre que lorsqu'elle est enceinte. Je t'assure, depuis que je suis pleine, que je n'ai pas été une heure entière, nuit et jour, sans avoir un et souvent deux Jean-chouarts dans l'œillet et la boutonnière. Madame K.....r t'a justement défini ce que j'éprouve et éprouverai toujours pour toi; tu es seul l'objet de mes écarts voluptueux : malgré que tu ne sois pas le père de l'enfant que je porte en mon sein, je suis persuadée qu'il te ressemblera beaucoup, car je t'ai continuellement présent à mon idée, et je ne fais que considérer ton portrait lorsque je fous. Crois que c'est là la seule cause des ressemblances, dont les femmes qui ont quelque chose à craindre savent si heureusement tirer parti pour cacher leur inceste.

Écris-moi vite et crois à mon amitié éternelle,

B...

LETTRE ONZIÈME

Une connaissance, que je viens de faire, me confirme, ma chère épouse, dans l'idée que tu as sur les ressemblances. Mademoiselle E.....r, ou madame P...., car elle a deux noms, est une jeunesse qui n'est ni bien ni mal, mais qui est douée d'un grand fond d'esprit, ce qui lui donne un air de bonté. Cette créature était chez un nommé M.....d, qui lui a fait un enfant. Ce monsieur M.....d était marié, mademoiselle E....r voulut donner un père à son fruit, elle eut donc la faiblesse apparente de se laisser séduire par un jeune étourdi à qui elle eût l'adresse de faire

accroire qu'elle donnait son pucelage. Je ne sais
ce que le jeune homme en pensa, mais comme il
partit en voyage et qu'il laissa l'image de sa
figure à l'adroite donzelle, elle m'a dit l'avoir
tant regardé en foutant qu'elle a pondu un chef-
d'œuvre pareil au modèle et nullement ressem-
blant à monsieur M.....d, qui en est le véritable
auteur (il y a beaucoup de femmes qui voudraient
connaître ce procédé !) Voulant à mon tour lui
montrer comment se faisaient les enfants à la
ressemblance des mères, je déchargeai dans ma
main et lui en frottai la figure. Elle parût se
fâcher, mais je levai le pied et courus à l'Opéra.
Dans ma première, je t'annoncerai des choses
plus agréables. Il suffit que tu saches que toutes
les femmes de Paris sont les mêmes. Bandez et
ayez de l'argent, vous êtes leurs dieux pénates.

Je te baise bien tendrement,

B...

LETTRE DOUZIÈME

Au sortir de l'Académie impériale de musique, la tête pleine des positions lascives du ballet de Psyché, j'allai trouver le portier du théâtre ; je lui donnai un louis et il me remit le nom et l'adresse des premières danseuses, avec la manière de m'y prendre pour en jouir, sans passer pour miché ni pour entreteneur. J'ai réussi complètement. Je ne saurais trop te recommander ces fouteuses-là ; elles se retournent comme une fricassée de poulets. Les hommes ont la même souplesse ; que n'es-tu ici ! Voici la première lettre de leur nom ;

je ne t'envoie pas leur adresse parce que ce serait les afficher inutilement ; nos amis n'auront qu'à aller les demander au portier.

V......, belle comme un ange, faite comme la Vénus de Médicis, de la douceur dans la physio-nomie, d'une bonté achevée, légère comme Zéphyr ; je me suis bien délecté en brûlant mon encens sur ses autels.

C...... ne lui cède presqu'en rien ; elle a la gorge beaucoup plus grosse, mais comme elle est extrêmement ferme, cela ne lui donne qu'un charme de plus.

D......, charmant petit tendron fait par la main des grâces, qu'elle efface à elle seule. Son pied est celui d'un enfant de sept à huit ans.

G....., la déesse de la danse, ne s'en acquitte pas mieux qu'elle, aplomd, grâce, légèreté, tout se trouve réuni en elle ; c'est à son imagination luxu-rieuse qu'on doit la manière de baiser à la tortue.

Z......, sans être belle, son amabilité la rend rcommandable ; son corps est maigre, défaut qu'elle fait oublier par la plus entière soumission à vos caprices.

B......, jolie au-delà de l'expression. Elle est entretenue par un prince étranger, de qui elle fait les délices. Il ne m'a rien moins fallu que ma mine de satyre pour avoir accès chez elle, et place dans son lit.

T......, peau de satin ; je n'en ai touché de ma vie une plus douce et plus veloutée. Que tu serais heureuse, ma bonne femme, entre les bras de ce trésor ; elle est tribade !

W....., bonne grosse Allemande ; de la fraîcheur, des formes arrondies ; c'est un vrai moule à nos compatriotes.

E....., grande, bien faite, beau port ; de la majesté dans le maintien ; c'est elle qui joue les rôles de Vénus et autres divinités.

P....., on n'a pas une mine plus chiffonnée, des dents plus petites et plus blanches : c'est la douceur par excellence.

Telles sont les principales danseuses de ce superbe théâtre ; c'est chez elles qu'il faut aller puiser les vrais principes de l'art de foutre. Si tu voyais comme elles se tournillent, s'entrelacent après vous avec flexibilité... Elles parviendraient, je crois, à faire décharger un mur ! vas, je te garantis qu'il n'est pas besoin de faire usage d'eau de Cologne avec ces syrènes.

Il existe encore d'autres théâtres où il y a des danseuses, comme celui de la Porte Saint-Martin, de l'Ambigu, de Nicolet ou de la Gaîté ; mais il

n'y a rien là de comparable aux chefs-d'œuvre
dont je t'ai parlé; pour ne point ravaler les charmes et les talents de ces demoiselles, je préfère
ne t'en point parler.

Ton mari et ami,

B...

RÉPONSE HUITIÈME

Marseille, le.....

Je ne saurais m'en défendre, mon tendre époux; tu m'as porté un coup décisif, ton Paris est une ville incomparable que je brûle de connaître. Ces aimables parisiennes qui donnent le ton et les modes au monde entier, ne doivent pas manquer d'être parfaites. Quels délicieux moments que tu as dû passer avec ces danseuses enchanteresses! que je promets me faire faire de pirouettes sur le nombril, par leurs aimables mâles. Je n'attends donc pour me mettre en route que ta décision. Ne me refuse pas, mon cher petit homme! je t'en conjure! Permets à ton disciple d'aller s'exercer sous tes yeux! au moins tu pourras dire : J'ai planté les cheveux à mon enfant.

Réponds-moi aussitôt, car je n'y tiens plus d'impatience : je voudrais déjà connaître ta résolution.

Adieu, je t'embrasse comme je t'aime,

B...

LETTRE TREIZIÈME

Paris, le.....

Puisque tu le désires, viens vîte, ma bonne femme, tu ne feras qu'augmenter le nombre. Je te prie donc de me faire savoir le jour de ton départ, afin que j'aille à ta rencontre ; de prendre bien soin du fruit que tu portes en ton sein, et d'apporter le plus d'argent que tu pourras en réaliser.

Si tu n'avais pas eu l'intention de venir me rejoindre jusqu'alors, je suis sûr que tu t'y serais décidée d'après ce que tu vas lire.

Il existe à Paris quantité de maisons auxiliaires, c'est-à-dire des endroits où les femmes mariées, qui ont le décorum à garder, vont se prostituer ; soit parce qu'elles n'aiment pas leurs époux, soit qu'ils ne leur donnent pas pour leurs toilettes tout l'argent dont elles ont besoin, soit enfin par la force du tempérament ou autrement. Les teneuses de ces maisons s'engagent pour une certaine somme de vous faire jouir de telle ou telle femme que vous aurez vue à la promenade ou au spectacle. Voici comme elles s'y prennent : Il est essentiel que tu saches que les femmes ici sont coquettes à l'excès ; souvent un mari qui aime sa moitié et qui en est aimé, ne peut pas faire face au dépenses qu'elle lui occasionne ; l'épouse qui est attachée à son homme réfléchit qu'elle peut causer sa ruine, et en épouse censée, elle va droit à la cour des aides. Mais celles qui ne connaissent pas ces bienfaisants établissements, sont bientôt, lorsqu'elles sont jolies, raccrochées par de vieilles duègnes aux promenades ou aux portes des spectacles. Ces vieilles d'abord inspirent la pitié par de soi-disants malheurs : elles lient petit à petit la conversation et finissent par persuader à la femme, en la flattant beaucoup, qu'elle est aimée, adorée par un superbe homme, d'une fortune considérable. Je ne sais trop ce qu'elles peuvent dire de plus, mais je puis t'assurer que ces duègnes sont encore à rencontrer des Lucrèce. Comme la plus grande discrétion règne dans ces sortes de lieux, on y rencontre jusqu'à des filles de bonnes maisons, qui viennent s'y faire trousser, accompagnées de leurs femmes de chambre ; vous les enfilez sans les connaître, et les parents vous les donnent après en mariage comme pucelles.

Il y a des putains et des rivettes attachées à ces établissements pour le service de l'un et l'autre sexe. Je visitai hier celui tenu par une nommée la Destainville, rue des Bons-Enfants, derrière le Palais. Cette femme est douce, honnête et reçoit indistinctement tous ceux qui payent bien ; elle a la réputation d'être excellente tribade. Voici le portrait des prêtresses de sa maison :

Destainville, archi-prêtresse, quarante-cinq ans de service ; taille basse, nez carlin, langue extraordinairement longue, fossettes aux joues et au menton, possédant une grande érudition.

Flore, belle et fraîche, comme la déesse de ce nom, les formes les plus séduisantes du monde, un con dont les lèvres vermeilles semblent vous demander un baiser.

Dorothée, douze à treize ans, mignature pour le fini des contours.

Julie, femme formée et très-spirituelle ; sa gorge est d'une grande beauté, c'est dommage qu'elle ait la mauvaise habitude de prendre du tabac.

Nanette, vingt-quatre ans, châtain foncé, de grands yeux bleus, le nez en bec-à-corbin, grande bouche ornée de dents passables, dont une postiche, mais le sourire agréable.

Sainte-Huberti, jadis tenant bordel, ses maquereaux l'ont ruinée ; figure à faire reculer d'effroi à cause des cicatrices de la petite vérole, mais le plus beau corps qu'on puisse s'imaginer ; sa tournure est séduisante.

Sainte-Marie, un peu grêlée, cela ne lui messied pas ; d'un noir geai et la chair extrémement blanche, sa jambe est faite suivant toutes les proportions.

Julienne, démarche libre, bien bâtie, bonne fille et ayant des manières particulières de foutre.

Sophie, blonde à l'œil brun, gorge admirable par son énorme grosseur et sa fermeté, c'est une seconde D...y.

Rosine, châtain ; tournure à séduire, minois chiffonné, gros cul, dur, doux, étroit, mais élastique et profond.

Rosalba, Napolitaine, de petite structure, vive au possible, des mouvements lascifs et convulsifs ; cette femme peut convenir à une compagnie de sapeurs.

Mariette, ci-devant religieuse, trente ans bien comptés, mais aussi foutative que certaines filles de quinze ans, éducation bien soignée.

Éléonore plaît par sa tournure enfantine, elle est toujours sur son homme et lui fait mille agaceries.

Et Aglaé, brune de haute stature, œil méchant; elle cache dans ses souliers l'argent qu'elle soutire de ses michés en sus du taux.

Il existe dans ce bordel un usage original. Dans un boudoir élégamment décoré, se trouvent une douzaine de tableaux retournés. Les paillassonneurs donnent quatre louis pour avoir le droit d'en regarder un et de se faire faire la peinture qu'il représente : c'est une espèce de loterie, l'actionnaire court la chance pour ses quatre-vingt-seize livres de ne retourner qu'un tableau représentant un homme branlé purement et simplement par une cateau malheureuse, comme il peut être aussi assez heureux pour en retourner un sur lequel on écrit : Discrétion. Alors vous avez le droit d'employer à vos jouissances toute la mai-

sonnée. Ce hasard à courir me parut d'un genre
neuf. Je comptai mes quatre louis à la Destainville et retournai le premier qui se trouva sous
ma main. Juge de mon bonheur, je lis dessus :
Discrétion ! aussitôt l'archi-prêtresse, sans atten-
dre ma réponse, donna ses ordres, fit défendre l'entrée à aucun étranger et se mit en devoir de me
déshabiller. Sacrédieu ! dit-elle, quels poils noirs !
Comme tu es velu ! C'est plaisir encore quand ça
tombe à des fouteurs aussi bien caractérisés que
tu l'es ! et je lui demandai à quels signes elle
voyait que j'étais bon fouteur ? — Comment ! tu
ne sais pas encore ? reprit-elle. — Non, en vérité.
— Eh bien ! tu peux m'en croire, je t'en parle par
expérience, j'en ai tant vu ! Lorsqu'un homme a
la barbe épaisse, noire ou rouge (ce sont les deux
couleurs), et qu'il a l'estomac, les bras, les cuisses
ainsi velus que tu les as, c'est un signe caracté-
ristique de bon fouteur. — Et d'où vient ? lui dis-
je. — Ne sais-tu donc pas que le foutre est ce qui
nous donne la chaleur naturelle ? — Si fait, je le
sais. — Tu dois savoir aussi que le poil ne vient
qu'aux endroits les plus chauds de notre corps.
— Assurément. — Or, puisque le foutre est ce qui
donne la chaleur et que le poil ne pousse qu'où il
y en a une extrême... — Ah ! c'est juste, m'écriai-

je en l'interrompant. — Attends donc, dit cette
femme expérimentée, je veux te convaincre
encore davantage : les castrats sont non-seulement imberbes, mais sans aucune trace de poil,
et si notre sexe déchargeait aussi abondamment
que le tien nous serions velues comme des ours.
La différence avantageuse que nous faisons de ta
couleur à celle rouge, c'est que les bruns sont
exempts de cette odeur fade et désagréable qu'ont
toujours les roux. A l'égard des châtains et des
blonds, ce ne sont que de tristes fouteurs. Et elle
demanda mes ordres. Comme bien tu l'imagines,
ma chère femme, je mis tout le bastringue en
réquisition, et pour justifier la bonne et vraie opi-
nion que la maka avait de ma vigueur, je m'y
pris de la sorte.

Nanette fut la première qui ouvrlt le branle.
Sans avoir rien, capable d'inspirer le plus léger
caprice (si ce n'est un sourire agréable, car ses
chairs sont flasques); sur la recommandation de
sa bourgeoise, qui me la présenta comme la plus
voluptueuse de ses demoiselles, je l'enconnai
d'abord. Cette salope ajoute d'elle-même une
dose de plus aux plaisirs ordinaires, en pissant,
goutte à goutte, pendant le temps qu'on la lime.
Elle fait aussi pisser son fouteur dans sa matrice

et tombe aussitôt en syncope. Je la rappelai à la vie en l'enculant et en lui appliquant de vigoureuses claques sur les fesses.

Destainville s'enfourcha avec Dorothée, elles se frottèrent si fort et si longtemps leurs clitoris l'un contre l'autre, qu'elles finirent par faire couler le sang.

Je socratisai le beau cul de Sainte-Huberti ; la belle Flore se couchant sur son dos, m'ouvrit son con dans lequel j'ensevelis ma langue; Julie, en dessous de mes couilles, les chatouilla légèrement; Rosine me poignarda le derrière avec un énorme godmiché, et je branlai Éléonore et Aglaé de chaque main. Le reste de la bande était diposé ainsi qu'il suit : Nanette, dont le con est prodigieusement large, se mit sur le dos ; ses cuisses, relevées sur son ventre, faisaient bâiller ses lèvres qui laissaient à découvert l'orifice du col de la matrice; Marie, Julienne, Sophie, Rosalba et Mariette lui sucèrent alternativement. Nanette ne put résister longtemps aux assauts réitérés qui lui étaient si délicieusement portés; elle se raidit, s'allongea et perdit connaissance en jurant comme un charretier et environnée d'une mer de foutre. La voluptueuse Nanette, revenue de sa pamoison, voulut rendre à ses compagnes

les jouissances qu'elles lui venaient de procurer ;
elle se fit donner un pinceau de blaireau de la
grosseur de ceux des peintres en mignatures,
qu'elle trempa dans de l'huile d'olive ; elle lava
ses amantes avec une décoction tiède de Tithy-
male et de pommes d'amour, et les plaça toutes
sur le dos dans le plus grand écartement ; ensuite,
elle fit croiser leurs bras de manière à ce qu'un
de leurs doigts put chatouiller le bouton de leur
sein qu'elle humecta d'huile, et commença par
leur passer légèrement son pinceau sur le clitoris,
les lèvres, l'intérieur du con, et sur toutes les
parties susceptibles de produire et de faire naître
des désirs et des jouissances infinies. L'irritation
qu'occasionne cette manière de préparer la femme
est telle que son vagin s'ouvre et se referme de
même que les ouïes d'une carpe qui se pâme.
C'est dans ce moment-là qu'une femme a véritablement besoin d'une pine pour rafraîchir sa brûlante matrice ; aussi m'implorèrent-elles de venir
à leur secours. On ne peut définir le plaisir qu'un
con en cet état vous procure ! Brûlant, humide
et vous serrant également par saccade, il vous
plonge dans un anéantissement léthargique. Je
n'eus pas plutôt opéré avec l'une, qu'une autre
m'avait déjà amarré. Enfin, mes forces s'épuisè-

rent après quarante décharges complètes. Elles convinrent d'un commun accord que j'étais un bon coq et qu'elles n'en avaient pas encore trouvé un qui m'eut égalé. Je leur parlai de toi et elles m'ont bien fait promettre de leur faire faire ta connaissance dès que tu serais arrivée.

Adieu, mon cher trésor, je t'embrasse de cœur,

B...

RÉPONSE NEUVIÈME

Marseille, le.....

Je pars à l'instant même, mon cher époux. Tous les moments que je passe loin de toi et de ces adorables desservantes des maisons auxiliaires sont autant de larcins que je fais à l'amour. Je serai à Lyon dans deux jours, où je ne m'arrêterai que le temps nécessaire pour relayer, car tu sais que les Lyonnais ne sont amoureux que de gagner de l'argent. Dans cinq jours j'aurai donc le plaisir de t'embrasser en réalité et de te prouver que je bande toujours pour toi avec un plaisir nouveau.

Adieu, je monte en voiture,

B.....

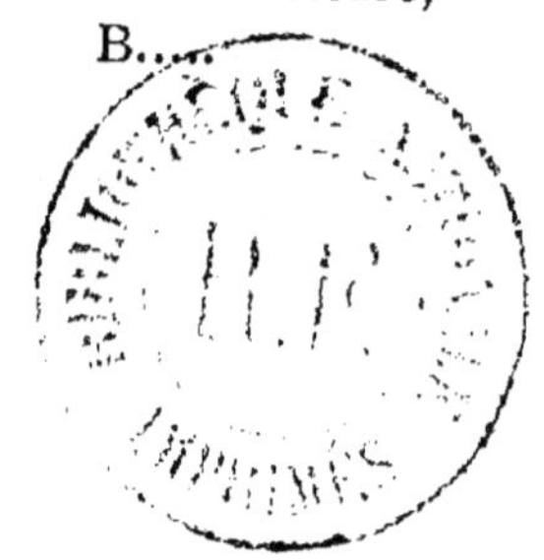

FIN

TABLE

FIN DE LA TABLE

www.ingramcontent.com/pod-product-compliance
Lightning Source LLC
LaVergne TN
LVHW012216170726
843503LV00005B/2104